AF369703

NOTICE

DES

Travaux Scientifiques et Littéraires

DE

Monsieur Aristide MARRE

Membre-étranger de l'Institut Royal Néerlandais de La Haye,

Membre correspondant des Académies d'Aci-reale, Messine, Rome, Turin, Lisbonne, Rio-de-Janeiro et Tananarive

Président élu de la Section d'Indo-Chine, Malaisie, Polynésie et Madagascar,

au Congrès international des Orientalistes, tenu à Rome en Octobre 1899

Initiateur de l'enseignement du malgache, à l'École spéciale des Langues Orientales vivantes.

Membre honoraire de l'Académie de Tananarive

ARRAS

IMPRIMERIE DE LA SOCIÉTÉ DU PAS-DE-CALAIS

J. ÉLOY, DIRECTEUR

—

1911

NOTICE

Des TRAVAUX Scientifiques et Littéraires

1° Travaux Scientifiques.

1. Théorème sur le triangle inscrit dans un cercle, énoncé et démontré pour la première fois. (Extrait des Nouvelles Annales de Mathématiques, Terquem et Gérono. Tome III. Paris, 1843.)

2. Une question de l'Arithmétique des Hindous : Trouver la somme de toutes les permutations différentes d'un nombre donné. (Extrait des Nouvelles Annales de Mathématiques. Tome V. Paris, 1846.)

3. Du binôme de Newton chez les Arabes, antérieurement à Newton. (Extrait des Nouvelles Annales de Mathématiques. Tome V. Paris, 1846.)

4. Le *Kholaçal al hissâb* (Quintessence du Calcul), par *Behâ-eddin Mohammed ben al Hossaïn al Aamouli*, traduit de l'allemand du Dr Nesselmann, et enrichi de nombreuses notes. (Extrait des Nouvelles Annales de Mathématiques. Tome V. Paris, 1846.)

5. Partie géométrique de l'Algèbre d'*Abou Abdallah ben Mouça al Khowarèzmi*, traduite de l'anglais, du Dr Rosen, et annotée. (Extrait des Nouvelles Annales de Mathématiques. Tome V. Paris, 1846.)

6. Note sur les deux expressions $\frac{a}{b}$ et $\frac{a}{a+b}$ (Extrait des Nouvelles Annales de Mathématiques. Tome VI. Paris, 1847.)

7. Notice philologique sur les systèmes de numération naturels, d'après Alexandre de Humboldt. (Rome, 1863. Imprimerie des Sciences Mathématiques et Physiques de la Via-Lata.)

8. Le *Kholaçat al hissàb* (Quintessence du Calcul). Deuxième édition, revue sur le texte arabe, traduite et augmentée de nouvelles notes. (Rome, 1864. Imprimerie des Sciences Mathématiques et Physiques de la Via-Lata.)

9. Le *Talkhys d'Ibn al Banna de Maroc*. (Analyse des opérations du calcul.) Extrait des Atti del l'Accademia pontificia de Nuovi Lincei. Tomo XVII. (Rome, 1865.)

10. Biographie d'*Ibn al Banna*, extraite du *Tekmilet ed-dibàdj* de *Ahmed Bàba de Timboktou*. (Rome, 1865. Imprimerie des Sciences Mathématiques et Physiques de la Via-Lata.)

11. Extraits du *Talkhys d'Ibn al Banna*, faisant suite aux passages relatifs à la sommation de séries de cubes par F. Woepcke. (Tome X. 2e série du Journal de Mathématiques pures et appliquées, de Liouville. Paris, 1865.)

12. Le *Messâhat de Mohammed ben Mouça al Kho-
    warèzmi*. Partie géométrique de son Algèbre :
    2ᵉ édition revue et corrigée sur le texte arabe,
    publié par Rosen. (Extrait des Annali di
    Matematica pura ed applicata. Tomo VII.)

13. Notice sur un manuscrit arabe, possédé par
    Michel Chasles, contenant plusieurs Traités
    d'astronomie et un Traité d'arithmétique.
    (Extrait des Atti dell'Accademia pontificia de
    Nuovi Lincei. Tomo XIX. Rome, 1866.)

14. Manière de compter des Anciens avec les doigts
    des mains, d'après un petit poème arabe inédit
    de *Chems-eddin al Mossouli*, et le Tratado de
    Mathematicas de Juan Perez de Moya, imprimé
    en 1573 à Alcala de Hénarez, traduits de
    l'arabe et de l'espagnol. (Extrait du Bullettino
    di bibliografia e di storia delle Scienze mate-
    matiche e fisiche. Rome, 1868.)

15. De l'Arithmétique dans l'Archipel indien, cha-
    pitre extrait de l'Indian archipelago de John
    Crawfurd, traduit de l'anglais et annoté.
    (Rome, 1874. Imprimerie des Sciences Mathé-
    matiques et Physiques de la Via-Lata.)

16. Problèmes du *Kitâb al mobàrek*, de *Aboûl
    Wafa al Djoueïni*, traduits sur le Ms. inédit,
    coté 1912, du Supplément arabe de la Biblio-
    thèque Nationale de Paris. (Extrait du Bullet-
    tino di bibliografia e di storia delle Scienze
    matematiche e fisiche. Tomo VII. Rome, 1874.)

17. Deux mathématiciens de l'Oratoire, congrégation fondée en Italie, et transportée en France par le cardinal de Bérulle, en 1611. (Extrait du Bullettino di bibliografia e di storia delle Scienze matematiche e fisiche. Rome, 1879.)

18. Le Triparty en la Science des Nombres, de Nicolas Chuquet, Parisien. — Cet ouvrage contient le plus ancien Traité d'algèbre écrit en français. Le manuscrit unique de la Bibliothèque Nationale de Paris porte la date de 1484. L'œuvre de Nicolas Chuquet, Parisien, était demeurée complètement inconnue jusqu'à présent. (Extrait du Bullettino di bibliografia e di storia delle Scienze matematiche e fisiche. Tome XV. Rome, 1882.)

19. Problèmes numériques faisant suite au Triparty en la Science des Nombres, énoncés et solutions servant d'applications. (Extrait du Bullettino di bibliografia e di storia delle Scienze matematiche e fisiche. Tome XV. Rome, 1882.)

20. Comptes-rendus du Jornal de Sciencias mathemàticas e astronomicas, publicado pelo Dr Gomes Teixeira, de Coïmbre. (Extrait du Bulletin des Sciences mathématiques et astronomiques de MM. Houël et Darboux. Paris, 1882-83.)

21. Une simple Note sur l'appréciation nouvelle et singulière du caractère de Fermat, faite par M. Charles Henry, bibliothécaire à la Sorbonne. Paris, 1883.)

22. Huit Lettres inédites du P. Claude Jacquemet, de l'Oratoire. (Extrait du Bullettino di bibliografia e di storia delle Scienze matematiche e fisiche. Tome XVI. Rome, 1883.)

23. Dix-neuf Lettres mathématiques de Sluse à Pascal, écrites en français et trouvées par M. Aristide Marre, dans un manuscrit du fonds latin de la Bibliothèque Nationale de Paris, ont été publiées, pour la première fois, par M. Le Paige, de Liège, dans son volume intitulé : Correspondance de Sluse. Des 19 Lettres de Sluse à Pascal, 17 étaient complètement inconnues. (Extrait du Bullettino di bibliografia e di storia delle Scienze matematiche e fisiche. Tome XVII. Rome, 1884.)

24. Lettre à M. le Président de l'Académie royale des Sciences de Lisbonne, sur René-François de Sluse et sa correspondance inédite avec Pascal. (Lisbonne, Imprimerie Royale, 1884.)

25. Note sur les Atti di nascita e di morte di Pietro Simone marchese di Laplace, publicati da B. Boncompagni. (Extrait du Bullettino di bibliografia e di storia delle Scienze matematiche e fisiche. Tome XVII. Rome, 1884.)

26. Notice sur la vie et les travaux d'Eugène Lionnet. (Extrait du Bullettino di bibliografia e di storia delle Scienze matematiche e fisiche. Tome XVIII. Rome, 1885.)

27. Comptes-rendus du Bullettino di bibliografia e di storia delle Scienze matematiche e fisiche, du prince Boncompagni. (Extraits du Bulletin des Sciences mathématiques et astronomiques de MM. Houël et Darboux, publié sous les auspices du Ministère de l'Instruction publique.)

28. Catalogue des étoiles circumpolaires australes, observées en l'an 1600, dans l'île de Sumatra, par Frederick Houtman, traduit du hollandais et annoté. (Extrait du Bulletin des Sciences mathématiques et astronomiques de MM. Houël et Darboux, sous les auspices du Ministère de l'Instruction publique.)

29. Du mouvement scientifique en Italie ; un nouveau Journal de Mathématiques à Rome. (Extrait du Journal de Mathématiques élémentaires et spéciales. Paris, 1886.)

30. Théorème du carré de l'hypoténuse, particulièrement chez les Hindous. (Extrait du Bullettino di bibliografia e di storia delle Scienze matematiche e fisiche. Tome XX. Rome, 1887.)

Avant de passer à la liste des travaux littéraires, disons ici que si les Savants d'Europe connaissent actuellement l'œuvre de *Nicolas Chuquet, le Père des Algébristes français,* c'est aux travaux scientifiques de M. Aristide Marre qu'ils le doivent. Ajoutons que c'est sur sa demande spontanée, que la Ville de Paris a donné à quatre de ses rues les noms de *Nicolas-Chuquet, François-Viète, Christian-Huygens* et *Sophie-Germain,* alors que M. Floquet était Préfet du département de la Seine.

2° Travaux littéraires.

1. Petit Vocabulaire des mots malais dont l'usage a été introduit dans les langues d'Europe. (Rome, 1866.)

2. Mémoires de *Nakhoda Mouda de Samangka,* écrits par lui et ses fils, traduits pour la première fois en français, sur la version anglaise de W. Marsden, et enrichis de notes. (Paris, 1867.)

3. Histoire des rois malais de Malaka, suivie du Cérémonial de la Cour du Sultan *Mohammed Chàh* (traduit du malais et extrait du *Sadjàrah malayou.* Paris, 1874.)

4. Code malais des successions et du mariage en usage à Java, transcrit en caractères latins, et traduit du malais en français, sur un manuscrit inédit de la Bibliothèque Nationale. (Paris, 1874.)

5. Histoire des rois de *Pasey, en Sumatra,* traduite pour la première fois du malais, annotée et augmentée d'un chapitre relatif aux rois de Pasey, extrait du *Sadjàrah malayou.* Paris, 1874.)

6. Une révolution de palais à Malaka, en l'an 1334 de notre ère. Fragment du *Sadjàrah malayou,* édition de Singapour. (Extrait du Bulletin de l'Athénée Oriental. Tome III.)

7. Une lettre du *Sultan d'Atchéh* au Roi Jacques 1ᵉʳ
d'Angleterre, écrite en l'année 1613. (Extrait
de la Revue orientale et américaine. Paris,
1874.)

8. Notice sur la langue malaise. (Extrait de la
Mosaïque. Paris, 1874.)

9. Tableau généalogique des *Sultans de Chéribon*,
dressé d'après le manuscrit javanais, nᵒ 92, de
la Bibliothèque Nationale de Paris. (Extrait
du Journal asiatique. Paris, 1874.)

10. Essai sur le malgache, ou Étude comparée
des langues javanaise, malgache et malaise.
(Paris, 1875.) — L'auteur est l'initiateur de
l'étude du malgache en France.

11. Les écrivains officiels des Sultans malais. Chapitre du *Makota ràdjà-ràdjà*. (La Couronne
des Rois.) (Extrait du Journal asiatique. Paris,
1875.)

12. *Kàta-Kàta malayou*. Recueil explicatif des mots
malais francisés par l'usage. (Paris, 1875.)

13. Bibliothèque d'un érudit malais, au commen-
cement du XVIIᵉ siècle de notre ère. (Extrait
de la Revue orientale et américaine. Paris,
1875.)

14. Grammaire malgache, fondée sur les principes
de la grammaire javanaise, suivie d'Exercices
et d'un Recueil de Proverbes. (Imprimerie
Vosgienne, Epinal, 1876.)

15. Régime auquel sont soumis les Sujets infidèles

sous le gouvernement des Rois musulmans,
chapitre du *Makôta ràdja-ràdja*. (Extrait du
Journal asiatique. Paris, 1876.)

16. *Bouraha*. Conte malgache, suivi d'un petit vocabulaire comparatif de racines malgaches prises
dans le texte même, et des racines correspon-
dantes dans les langues des archipels de la
Sonde, des Moluques et des Philippines.
(Extrait du Journal asiatique. Paris, 1877.)

17. *Ny rahalahy roa* (Les deux frères). Conte malgache, traduit en français, avec le texte en
regard. (Extrait de la Revue orientale et
américaine. Paris, 1878.)

18. *Makota ràdja-ràdja* (La Couronne des rois), par
Bokhâri de Djohôre, traduit pour la première
fois du malais en français, et accompagné de
notes. (Paris, 1878.) — « L'ouvrage de *Bokhâri
de Djohôre*, a dit Barthélemy Saint-Hilaire,
dans le *Journal des Savants*, suffirait à lui
seul pour recommander la langue malaise à
l'attention du monde savant, et on doit louer
M. Aristide Marre de nous l'avoir traduit. »

19. Index des manuscrits malais de la Bibliothèque
nationale de Paris. (Paris, 1879.)

20. Notice sur la langue portugaise dans l'Inde
française et en Malaisie. (Extrait des Annales
de l'Extrême-Orient. Paris, 1880.)

21. Bibliographie malaise. Compte-rendu de la
grammaire malaise, du vocabulaire hollandais-
malais et malais-hollandais, et du dictionnaire

— 10 —

des termes de marine en hollandais, en français, en anglais et en malais, par le capitaine
Badings, d'Amsterdam. (Extrait du Journal
asiatique. Paris, 1881.)

22. L'Instruction primaire chez les Chinois dans
l'ile de Java. Mémoire de M. Albrecht, de
Batavia, traduit du hollandais et annoté.
(Extrait des Annales de l'Extrême-Orient.
Paris, 1881.)

23. Coup d'œil sur le district montagneux de l'*Ara-
kan* et sur les tribus sauvages qui l'habitent.
(Extrait du Muséon de Louvain, 1882.)

24. Les pronoms personnels dans le dialecte de
Menangkabau (en Sumatra). Mémoire de
M. Habbema, de Batavia, traduit du hollan-
dais et annoté. (Paris, 1882.)

25. Notes de philologie malaise. Examen critique
d'un article de M. Marcel Devic, publié dans
le Journal asiatique. (Extrait du Muséon de
Louvain, 1883.)

26. Congrès International des Orientalistes, tenu à
Leyde, en septembre 1883. Compte-rendu
présenté à la Société académique indo-chi-
noise de Paris, par M. Aristide Marre, élu
premier Secrétaire de la Section de Malaisie
et Polynésie, audit Congrès International,
tenu à Leyde, en 1883.)

27. Vocabulaire systématique et comparatif des
principales Racines communes à la langue
malgache et aux langues malayo-polyné-

siennes, précédé d'un Aperçu philologique sur les affinités du malgache avec le javanais, le malais et les autres idiòmes de l'Archipel indien. Leyde, 1884, in-4°. (Extrait des Actes du VIe Congrès International des Orientalistes, tenu à Leyde, en septembre 1883.)

28. Du Lorens et Rotrou. (Extrait du Monde poétique. Paris, 1884.)

29. De la poésie malaise. (Extrait du Monde poétique. Paris, 1884.)

30. L'immigration malaise dans Madagascar a-t-elle précédé ou suivi l'introduction de l'hindouisme dans Java ? Solution lexicologique de cette question.(Extrait du Muséon de Louvain,1885.)

31. *Le Kalam et le glaive. Mesnàwi malais* sur les funérailles de Victor Hugo. (Extrait du Monde poétique. Paris, 1885.)

32. *Biografia di Abdallah ben Abd-el-Kader, de Malaka.*Notice biographique sur le plus célèbre des littérateurs malais du XIXe siècle. (Extrait des Atti de l'Académie royale de Turin, 1885.)

33. Quelques remarques sur les noms des mois en langue malgache. (Leyde, 1885.)

34. De la poésie malgache. (Extrait du Monde poétique. Paris, 1886.)

35. Analyse et Compte-rendu du Tome X, 4e série des *Bijdragen tot de Taal-Land-en Volkenkunde van Nederlandsch-Indie, uitgegeven door het Koninklijk Instituut.* (Extrait du Muséon de Louvain, 1886.)

36. *Usages et Coutumes des Makassars et des Bou-
guis (île Célèbes)*. Compte-rendu et analyse
d'un Mémoire lu à l'Académie des Sciences
d'Amsterdam par le Dr Matthes, de La Haye.

37. Une idylle à Java. Fragment d'un ancien poëme
malais intitulé : *Touan poutri K'én Tambouhan* (la Princesse Kén Tambouhan). Texte
malais transcrit en caractères latins et traduit
pour la première fois en français. (Extrait du
Monde poétique. Paris, 1887.)

38. *Deri hal orang menangkap ikan pàous* (La pêche
de la baleine) par *Abdallah ben Abd-el-Kàder,
de Malaka*. Traduit pour la première fois en
français, avec la transcription en caractères
latins, en regard. (Extrait du Muséon de Louvain, 1888.)

39. Un poëte portugais contemporain, Francisco
Gomès de Amorim. (Notice biographique,
extraite du Monde poétique. Paris, 1888.)

40. Le *Magnificat* traduit en malais, publié dans le
Recueil polyglotte présenté par l'abbé de Lé-
rins au Pape Léon XIII.

41. *Sourat peroupamâan malayou* (le Livre des proverbes malais) transcrit en caractères latins et
traduit en français. (Extrait des Mélanges
Orientaux, volume présenté par les professeurs
de l'Ecole spéciale des Langues Orientales vivantes de Paris, au VIIIe Congrès international
des Orientalistes, tenu à Stockholm et à Chris-
tiania, en septembre 1889.)

42. Code malais des Successions et du mariage,
(comprenant trois fascicules : 1º Texte malais,
2º traduction en français, 3º notes et observa-
tions. Paris, 1889.)

43. Des noms auxiliaires, déterminatifs d'espèce dans
l'énonciation des nombres concrets, en langue
malaise. (Paris, 1889.)

44. Lettre à M. Priestley sur la langue javanaise.
(Paris, 1889.)

45. Malais et Chinois. Coup d'œil sur leurs relations
mutuelles, antérieurement à l'arrivée des Portugais dans les Indes-Orientales. (Paris, 1892.)

46. Un mot sur la langue javanaise (Leyde, 1892.)

47. Malais et Siamois. De l'esclavage dans la pres-
qu'île malaise, au XIXᵉ siècle. (Extrait du
Muséon de Louvain, 1894.)

48. Grammaire malgache, 2ᵉ édition, suivie de nom-
breux Exercices. (Imprimerie Vosgienne,
Epinal, 1895.)

49. Vocabulaire français-malgache. (Imprimerie Vosgienne, Epinal, 1895.)

50. *Madjapahit et Tchampa.* (Extrait du Recueil
des Mémoires publiés par les Professeurs de
l'Ecole spéciale des Langues Orientales vivantes, à l'occasion du centenaire de l'Ecole.
Paris, 1895.)

51. *Les Galibis* : Tableau véritable de leurs mœurs,
avec un Vocabulaire de leur langue, par
M. Antoine Biet. Curé de Senlis. Revu et

publié. (Extrait de la Revue de Linguistique. Paris, 1896.)

52. Vocabulaire des principales racines **malaises et javanaises** de la langue malgache. (Paris, 1896.)

53. Chants malgaches. (Extrait de la Revue internationale, scientifique, littéraire et artistique. Paris, 1897.)

54. Glossaire explicatif des mots de provenance malaise et javanaise, usités dans la langue française. (Epinal, Imprimerie Vosgienne, 1897.)

55. Histoire de la *Princesse Djouher Manikam*, roman traduit du malais, sur le manuscrit de la Bibliothèque Nationale de Paris. (Epinal, Imprimerie Vosgienne, 1897.)

56. Instructions et bons avis, relatifs à Madagascar, d'après Etienne de Flacourt. (Extrait des Notes, Reconnaissances et Explorations des officiers français de notre Colonie ; Tananarive, 1897.)

57. Proverbes et Similitudes des Malais, avec leurs correspondants en diverses langues d'Europe et d'Asie. (Extrait des Mémoires de l'Académie des Sciences de Turin. 1898.)

58. Tableaux comparatifs des mots usuels malais, javanais et malgaches, extraits de l'ouvrage de Guillaume de Humboldt sur le Kâwi, revus, corrigés et annotés. (Extrait des Mémoires de l'Académie Royale des Sciences de Turin, 1898.)

59. Des Noms de nombres en usage à Madagascar, aux Philippines, dans la Malaisie et la Poly-

nésie. (Extrait des Mémoires de l'Académie
Royale des Sciences de Turin, 1899.)

60. Le Code moral des enfants, composé de 250
quatrains empruntés à la Morale de l'enfance,
de Morel de Vindé, et d'un Appendice de 278
Maximes et Conseils, en prose, dont 50 sont
traduits du malais. (Paris, 1899.)

61. *Le Sadjàrah malayou* (Livre des Chroniques
malaises), l'une des œuvres principales de la
littérature malaise, traduit en entier, en français, pour la première fois. (Extrait du Muséon de Louvain, 1900.)

62. Coup d'œil sur les Chants et les Poésies malgaches. (Extrait des Mémoires de l'Académie
Royale des Sciences de Turin, 1900.)

63. Madagascar et les Philippines. Vocabulaire comparatif des principales racines malayo-polyné-
siennes, communes à la langue malgache et à
la langue tagalog. (Extrait des Mémoires de
l'Académie Royale des Sciences de Turin,
1900.)

64. Proverbes, Maximes et Conseils, traduits du
tagalog. (Extrait des Mémoires de l'Académie
Royale des Sciences de Turin, 1900.)

65. Grammaire tagalog, composée sur un nouveau
plan. (Extrait des Mémoires de l'Institut Royal
de La Haye, 1901.)

66. Madagascar, au début du vingtième siècle. Linguistique. (Paris, 1902.)

67. Aperçu bibliographique des travaux relatifs aux peuples de race malaise, qui ont été publiés pendant les années de 1898 à 1905. (Extraits des Tomes I, II, III, de l'Année Linguistique de Paris.)

68. Manuel Lexique, à l'usage des jeunes Français-Anglomanes. (Versailles. Imprimerie Le Bon, 1907.)

69. Suger et Vaucresson (village créé par Suger en 1145, deux ans avant la nomination du célèbre Ministre, comme Régent du Royaume de France). (Opuscule publié à Versailles, chez Le Bon, en 1907.)

70. Vocabulaire des mots d'origine européenne présentement usités dans la langue malgache. (Chalon-sur-Saône, 1909. Imprimerie Bertrand.)

71. Petit Vocabulaire des mots de la langue française d'importation hispano-portugaise. (Chalon-sur-Saône, 1910. Imprimerie Bertrand.)

Arras, Imp. de la Société du Pas-de-Calais
J. ELOY, DIRECTEUR

www.ingramcontent.com/pod-product-compliance
Lightning Source LLC
LaVergne TN
LVHW021910180726
843502LV00008B/2988